DE LA COMPÉTENCE

DES

COMMISSAIRES-PRISEURS & DES NOTAIRES

EN MATIÈRE DE

VENTES MOBILIÈRES AUX ENCHÈRES

DE LA COMPÉTENCE

COMMISSAIRES-PRISEURS ET NOTAIRES

EN MATIÈRE DE

VENTES MOBILIÈRES AUX ENCHÈRES

Les commissaires-priseurs ont une compétence générale pour toutes les ventes de meubles et objets mobiliers ; cette compétence ressort clairement des lois de leur institution : les lois du 27 ventôse an IX et du 28 avril 1816 leur confèrent le droit exclusif de procéder à toutes les ventes mobilières qui s'opèrent dans le chef-lieu de leur établissement (1).

Les dérogations à cette règle fondamentale sont nécessairement de droit étroit et doivent être exclusivement limitées aux cas de nécessité et d'intérêt public, prévus et spécifiés par la loi.

Parmi les exceptions à la compétence générale des commissaires-priseurs, se trouvent les ventes d'objets mobiliers faisant partie d'une industrie ou d'un fonds de commerce, lorsque ces objets, considérés comme immeubles par destination, doivent être vendus en bloc avec le fonds lui-même, par devant notaire, *comme un accessoire* de ce fonds.

C'est de cette dérogation aux principes généraux dont nous allons nous occuper.

La délimitation entre la compétence des notaires et celle des commissaires-priseurs est bien formelle ; elle

---

(1) Edits de février 1556, mars 1576, octobre 1696, février 1771.

ressort du but même de leur institution : « Les notaires sont des fonctionnaires publics établis pour recevoir tous les *actes* et *contrats* auxquels les parties doivent ou veulent faire donner le caractère d'authenticité attaché aux actes de l'autorité publique.

Les commissaires-priseurs sont des officiers publics qui ont le privilège exclusif des prisées et des ventes d'objets mobiliers dans le chef-lieu de leur établissement.

Il ressort de cette définition que la vente des droits *incorporels* est du ressort exclusif des notaires ; qu'elle échappe non-seulement au privilège, mais même à la compétence des commissaires-priseurs, car, il ne s'agit plus ici de vente et de livraison d'objets mobiliers, susceptibles d'être vus et appréciés par l'enchérisseur, il y a, comme dans les créances, baux, actions, achalandages, brevets d'invention, etc., vente de droits dont l'origine, la nature et l'existence même doivent être expliquées aux parties et exprimées dans l'acte.

Mais, la situation n'est plus la même s'il s'agit de la vente d'un ensemble, d'une masse comprenant à la fois des meubles corporels et des droits incorporels, d'un fonds d'hôtellerie ou de commerce par exemple, où, indépendamment du droit au bail et de l'achalandage, se trouvent des meubles, ustensiles ou marchandises servant à l'exploitation du fonds. Comment dans ces différents cas déterminer la compétence des officiers vendeurs ?

Dès le commencement du siècle, un mode mixte avait été adopté à Paris : On admettait dans les espèces de ce genre le concours de deux officiers vendeurs : le notaire qui adjugeait l'achalandage et le transport du bail et le commissaire-priseur qui procédait à la vente des meubles corporels. En cas de conflits avec les notaires, les commissaires-priseurs obtenaient toujours gain de cause par une simple ordonnance de référé. L'une d'elle, rendue en 1847 par le président du tribunal civil de la Seine M. Try, est ainsi conçu :

« Attendu que les difficultés qui existent entre les compagnies des notaires et des commissaires-priseurs ne peuvent porter atteinte aux droits des parties, disons qu'il sera passé outre à la vente dont il s'agit ; mais attendu la *possession constante* où sont les commissaires-priseurs *de concourir à l'adjudication des fonds* de commerce, disons que les enchères sur les objets mobiliers qui font partie de la vente dont s'agit seront reçues par M⁰ B..., commissaire-priseur, qui a procédé à la prisée de l'inventaire, lequel procédera à l'adjudication des objets mobiliers. »

Ce système, quoique très rationnel, ne fût jamais considéré par les notaires comme tranchant définitivement la question. Leurs réclamations amenèrent un projet de loi dont l'article 6 était ainsi conçu : « Les notaires feront à l'exclusion de tous autres officiers publics les ventes des droits mobiliers incorporels tels que clientèles, achalandages, créances et fonds de commerce ; ils pourront vendre aussi les meubles et effets dépendants de ces établissements, à moins que la vente ne s'opère séparément et en détail. »

Malgré les restrictions apportées par ces mots « ils *pourront* vendre aussi... et la limitation de la compétence des notaires à la vente des meubles et effets en bloc, ces dispositions, toutes nouvelles avortèrent avec le projet de loi dont elles faisaient partie ; elle avait le défaut d'enlever aux commissaires-priseurs, au mépris des règles fondamentales, une partie de leurs attributions.

La jurisprudence appelée à se prononcer souvent sur ces conflits, a établi un autre système qui peut être considéré comme inattaquable, parce que, sauvegardant tous les droits, il est le seul qui repose sur la justice et sur l'équité. Ce système n'est autre chose que l'application du principe de droit *que l'accessoire doit suivre le principal.*

D'après cette règle, consacrée par de nombreux arrêts, combien de cas dans lesquels il devra être jugé que la vente d'un fonds de commerce consistera principalement dans le matériel et tombera par conséquent dans les attributions des commissaires-priseurs et non exclusivement dans celles des notaires !

Remarquons d'un autre côté que les commissaires-priseurs peuvent constater, sur leurs procès-verbaux, toutes les conditions qui se rattachent aux ventes de leur compétence ; et que, si une vente de droits incorporels purs ne leur appartient pas, ils n'en peuvent pas moins consigner tout ce qui se rapporterait aux mêmes droits liés à des droits corporels. Ce principe est formellement reconnu par la jurisprudence de la cour de cassation.

Un arrêt, en date du 8 mars 1837, déclare que les lois organiques de ventôse an IX et de 1816 n'interdisent pas aux commissaires-priseurs d'accorder crédits et délais pour le paiement (1)... « Cette prohibition n'aurait pu d'ailleurs profiter aux notaires ou autres officiers qui,

---

(1) Arrêt de la cour de Nancy, du 20 décembre 1833 ; arrêts du conseil, 5 octobre 1728, 22 mars 1763, art. 3 ; loi de ventôse an IX.

dans aucun cas, dans le lieu d'établissement des commissaires-priseurs, ne peuvent faire des ventes publiques de meubles aux enchères, soit au comptant soit à crédit... les notaires ne pouvant procéder concurremment ni s'attribuer des droits contre la disposition prohibitive de la loi, au moyen de la stipulation d'un crédit quelconque attribué aux adjudicataires... »

Deux autres arrêts de la même cour, en date des 6 août 1861 et 19 avril 1864, ajoutent à l'argument tiré de l'ancien droit une série de constatations nouvelles (1): « On ne saurait induire de la loi du 25 ventôse an XI sur le notariat, postérieure à celle de l'an IX, que le législateur ait entendu accorder aux notaires le privilège de faire les ventes à termes, dont ladite loi ne fait aucune mention et si quelque doute pouvait s'élever il disparaîtrait devant les lois du 25 juin 1841 et 5 juin 1851. »

Un arrêt du 6 mars 1877 a attribué exclusivement aux commissaires-priseurs une vente de bestiaux faite pour un comice agricole, avec la condition que l'enchérisseur déclarerait vouloir faire partie du comice (2).

Dans les ventes de fonds de commerce et d'industrie, comme dans toutes les autres circonstances, la cour de cassation a reconnu ce principe en laissant aux tribunaux le soin d'apprécier quel est le principal et quel est l'accessoire, en observant fidèlement les règles d'attribution. Voir dans ce sens un arrêt de la cour de Paris du 4 décembre 1823 : — Commissaires-priseurs de

---

(1) Voir l'arrêt de cassation du 19 avril 1864 dans le *Journal des Commissaires-priseurs*, 1868, p. 69.

(2) Consulter cet arrêt dans le *Journal des Commissaires-priseurs*, 1877, p. 56.

Paris contre Mᵉ l'Herbette, et sur rejet, cassation du 15 février 1826. — Voir encore deux arrêts de la cour de Colmar du 30 janvier 1827 et du 27 mars 1837. — — Arrêt du 26 mai 1832. Il s'agissait dans cette affaire de la vente par MM. Barbier et Poisson, notaires à Paris, d'achalandage d'une entreprise de voitures publiques, ensemble du matériel : voitures, chevaux, harnais ; et un pensionnat avec la clientèle y attachée et les objets mobiliers corporels en dépendant. — Pourvoi. — Arrêt de cassation du 23 mars 1836 ainsi conçu :

« Attendu que dans cette occurrence il est naturel et même indispensable d'appliquer le principe de droit qui veut que l'*accessoire suive le sort du principal ;* qu'au surplus, la question de savoir lequel du fonds de commerce ou du mobilier sera réputé être le principal ou l'accessoire est une question de pur fait... » — Arrêt de la cour de Paris du 15 juin 1833.

Arrêt de la cour de Rouen du 15 novembre 1845, en vertu duquel un notaire a été confirmé dans le droit de vendre aux enchères un fonds de commerce de tannerie, ensemble les ustensiles et le matériel pour ce motif « que les effets mobiliers dont la vente tombait dans les attributions des commissaires-priseurs, n'étaient évidemment que l'accessoire des autres objets mis en vente. » S'il pouvait subsister quelque doute sur la volonté constamment exprimée par la jurisprudence de maintenir ce principe, ces doutes disparaîtraient en présence des conclusions si nettes et si formelles du dernier arrêt rendu sur la matière par la cour suprême en date du 27 mai 1878 qui tranche, on peut le dire, définitivement la question.

Un jugement du tribunal civil de Besançon avait ordonné la vente par licitation et par devant notaire de deux barques lavandières dépendant des communautés et succession Echenoz. Les commissaires-priseurs de Besançon signifièrent une opposition à M⁰ Delavelle, notaire commis à la vente. Celui-ci répondit que le jugement qui l'avait commis n'était pas attaqué par les voies légales — et que la vente s'appliquait à un ensemble composé de meubles corporels et de meubles incorporels, constituant un véritable fonds de commerce ; qu'elle comportait d'ailleurs des conventions qu'un notaire seul pouvait constater telles que délais de paiement, caution, nantissement, affectation hypothécaire, délégation de l'indemnité d'assurance. Le tribunal par son jugement du 13 février 1877, revenant sur sa décision, rejeta les conclusions de M⁰ Delavelle, qui avait passé outre à la vente, dit que cette vente aurait du être effectuée par les commissaires-priseurs et condamna le notaire à 1,600 francs de dommages-intérêts, attendu que les droits incorporels allégués par lui n'étaient que l'accessoire de l'objet matériel.

Sur l'appel du jugement, interjeté par M⁰ Delavelle avec l'appui et le concours de la chambre de discipline des notaires, la cour par son arrêt du 28 juillet 1877 adopta les motifs des premiers juges confirma le jugement attaqué en réduisant toutefois les dommages-intérêts à la somme de 1,551 francs.

Conformément aux remarquables conclusions prises par M. le conseiller rapporteur Babinet, la cour de cassation (arrêt du 27 mai 1878) s'exprime ainsi :

« En ce qui concerne la nature des objets compris dans la vente et son influence sur la compétence des officiers publics rivaux ;

« Attendu qu'il est constaté en fait par l'arrêt que la vente litigieuse avait pour objet principal des barques lavandières, dont la nature mobilière n'est pas contestée et que l'on a compris simultanément dans cette vente en bloc une clientèle, un droit à l'emplacement sur la rivière, un droit au bail et une patente ; ces droits, fussent-ils distincts de l'existence même des barques, *n'en étaient que l'accessoire...*

« Attendu que la question de savoir si l'objet mobilier est le principal ou l'accessoire par rapport au droit incorporel est une question de pur fait, dont la solution appartient à l'appréciation des tribunaux, quelles que soient les conséquences qu'elle entraîne au point de vue des attributions.

« En ce qui concerne les clauses et conditions accessoires de l'adjudication :

« Attendu qu'on ne pourrait leur reconnaître une influence sur la compétence des commissaires-priseurs, sans confier aux parties ou aux tribunaux le pouvoir arbitraire de déroger à une loi d'ordre public, qui a entendu délimiter, d'après la nature des objets vendus, les attributions des officiers qu'elle instituait et ne les a pas subordonnées à la rédaction variable du cahier des charges ou aux stipulations intéressées des parties.

. . . .

« Attendu qu'il est aujourd'hui constant en jurisprudence, surtout depuis les lois des 25 juin 1841 et 5 juin 1851, que les ventes à terme, qui peuvent rendre *utiles sinon nécessaires des stipulations de garantie, rentrent dans le monopole des commissaires-priseurs*, tandis que dans aucun cas, sous aucun prétexte, les notaires ne peuvent faire soit à crédit, soit au comptant, des ventes réservées ;

« Attendu que, pour procéder utilement à ces ventes, les commissaires-priseurs sont comme les huissiers et jurés-priseurs sous l'édit de 1556 et conformément aux articles 1317 et suivants du code civil, investis du droit de délivrer des actes, copies et extraits de leurs procès-verbaux auxquels foi doit être ajoutée comme registres et actes publics ;

« Attendu que cette authenticité s'étend nécessairement à la constatation des clauses accessoires de la vente, en ce qui concerne l'étendue et la nature des engagements pris par celui qui en se portant dernier enchérisseur a fait prononcer l'adjudication à son profit ;

« Attendu qu'il ne peut en résulter aucun empiétement sur les droits des notaires dont le concours pourrait devenir nécessaire pour la réalisation ultérieure d'un cautionnement à fournir par acte authentique, ou d'une constitution d'hypothèque.

« Qu'ainsi dans l'espèce, l'arrêt attaqué a concilié dans une juste mesure les droits respectifs de tous les officiers publics dont il avait à déterminer la compétence.

« Par ces motifs, rejette, etc. »

Voir encore dans ce sens les arrêts de la cour de cassation du 8 mars 1838, cour de Bruxelles du 11 septembre 1845 et cour de Caen du 24 juin 1847, tribunal civil d'Arras, 17 juillet 1861. — Aucun de ces arrêts, formant déjà une jurisprudence solidement établie, ne pose en principe, on le voit, que les commissaires-priseurs n'ont pas le droit de vendre un fonds de commerce même y compris l'achalandage, mais que l'attribution dépendra de la plus ou moins grande importance des meubles corporels par rapport aux droits incorporels. Or, dans un grand nombre de cas, notamment dans la vente d'un fonds d'hôtellerie ou de maison meublée, il faut bien reconnaître que l'achalandage et la clientèle dépendent beaucoup des meubles et ustensiles ; dans la vente d'un fonds de commerce, l'achalandage dépend beaucoup du matériel, des instruments et marchandises.

Ce sera donc, dans bien des cas, *le matériel* lui-même qui devra être considéré *comme le principal*. Ce sont en définitive les meubles et marchandises qui répondent, avant tout le reste et mieux que tout le reste, et du paiement du bail et du paiement des dettes.

Les meubles et marchandises, surtout les marchandises au détail, sont toujours considérés comme des objets plus positifs que l'achalandage.

C'est dans le but de faciliter le privilège du propriétaire que l'article 1752 contraint le locataire à garnir les lieux loués de meubles suffisants.

Si le privilège des notaires pouvait être admis sans restriction, dans ces différents cas, on arriverait à cette conclusion, contraire à toute justice, qu'un notaire pourrait vendre en bloc à la faveur d'un bail illusoire ou d'une clientèle hypothétique, un mobilier d'hôtel de grande valeur, un matériel et des marchandises d'un prix considérable, et cela, non seulement au détriment des commissaires-priseurs, mais au détriment du vendeur lui-même qui a bien souvent plus d'intérêt à la vente au détail qu'à la vente en bloc.

On arriverait à cette conclusion, contraire à la saine

raison, que le fonds de commerce qui aura été saisi devra être vendu par les commissaires-priseurs et que
celui qui sera libre entre les mains d'un commerçant,
pour lequel il y a complète faculté d'agir, ne devra être
vendu que par un notaire !

Nous croyons avoir suffisamment démontré par les
observations présentées et les textes invoqués ci-dessus :

1° Que la compétence des notaires en fait de vente
mobilière doit s'exercer d'une manière exclusive pour
toutes les ventes de droits incorporels purs, tels que
créances, baux, actions, achalandages, brevets d'invention, etc.;

2° Pour les ventes où se trouvent en même temps
des droits incorporels et des meubles corporels, lorsque
ces derniers forment la partie accessoire de la vente.

Mais comment déterminer d'une manière exacte le
principal et l'accessoire ? — Cette question délicate, qui
devra fixer la compétence des officiers vendeurs, se
trouve résolue, pour une certaine catégorie de ventes,
par l'article 524 du code civil (1). Les meubles, les ma-
tériaux, les ustensiles servant à l'exploitation d'un fonds
sont-ils immeubles par destination dans le sens de l'article précité, nul doute que le notaire n'ait le droit d'en
opérer la vente *en bloc* avec le bail et l'achalandage dont
ils forment l'accessoire indispensable.

C'est ce qui résulte d'un arrêt de la chambre des re-
quêtes de la cour de cassation en date du 2 août 1886 :

« En droit, dit cet arrêt, l'article 524 répute immeubles par destination, les objets que le *propriétaire* d'un

---

(1) Articles 523, 585, 529.

fonds y a placés pour le service et l'exploitation de ce fonds ; dès lors, lorsqu'il s'agit d'un établissement immobilier, spécialement construit pour servir d'hôtellerie, *aménagé dans ce but exclusif*, de telle sorte qu'il ne pourrait sans une transformation complète et sans une notable diminution de valeur recevoir une affectation différente, les meubles meublants que renferme cet établissement, placés dans cet immeuble *par le propriétaire* du fonds sont nécessaires à son exploitation et doivent être par suite considérés comme immeubles pour destination. »

Voilà le principe posé par la cour de cassation ; mais il ne faut pas perdre de vue les circonstances desquelles peut résulter l'immobilisation des meubles garnissant le fonds. On voit qu'il faut d'une part que l'immeuble dans lequel ces objets ont été placés ait été spécialement construit pour servir d'hôtellerie, par exemple, *et aménagé dans ce but exclusif*. Que de plus, il ne puisse recevoir une affectation différente, sans une transformation complète et sans une notable diminution de valeur. Il faut encore, dit l'arrêt précité, que ces objets aient été placés *par le propriétaire* et qu'ils soient *spécialement nécessaires à l'exploitation du fonds*.

En dehors de ces circonstances précises, les meubles garnissant une hôtellerie, un fonds de commerce quelconque, conservent leur qualité de meubles et doivent être vendus par les commissaires-priseurs qui recouvrent leur compétence générale.

Cet arrêt corrobore d'ailleurs une précédente décision de la cour suprême du 31 juillet 1879 qui établit : « Que les juges du fait peuvent décider sans violer aucune loi que les meubles garnissant une hôtellerie ou un café ne sont pas immeubles par destination, comme n'étant pas les accessoires nécessaires de l'immeuble. »

Citons encore à l'appui de cette thèse un arrêt de la cour de Nancy du 27 mars 1878 qui est plus explicite encore : « L'article 524 du code civil énumère un certain nombre d'objets mobiliers rentrant dans la catégorie d'objets mobiliers placés sur un fonds pour son service et son exploitation ; on y comprend notamment les ustensiles nécessaires à l'exploitation des forges, papeteries et autres usines, mais on ne saurait assimiler un hôtel ou un café à une usine qui, le plus souvent, est appropriée spécialement pour une exploitation industrielle, tandis que l'immeuble dans lequel un café ou un hôtel ont été installés, peut recevoir une toute autre destination ; il s'en suit que les objets mobiliers garnissant ces sortes d'établissements ne sont pas placés pour le service et l'exploitation du fonds qui les renferme et ne peuvent pas plus être immobilisés que les marchandises sur les rayons d'un magasin. » — Cet arrêt a été confirmé par la cour de cassation.

Demolombe, t. IX, n° 264, formule ainsi son opinion sur cette question :

« Les meubles qui garnissent un hôtel, une auberge ne deviennent pas immeubles par destination. Objecterez-vous que la maison elle-même est employée comme fonds à cette destination d'hôtellerie et que les meubles qui la garnissent et qui servent à la nourriture et au logement des voyageurs servent aussi à l'exploitation du fonds ? Mais cette objection nous mènerait très loin et il n'en résulterait pas moins que l'immobilisation de tous les meubles qui se trouvent dans tous les magasins de commerce de drap, de nouveautés, etc.; et non-seulement des meubles meublants, mais aussi des marchandises du commerce, etc. »

Quant aux objets qui ont été attachés à un fonds par d'autres que le propriétaire, comme matériel d'usine, machines à vapeur, etc., ils conservent leur qualité de meubles et rentrent dans la compétence des commissaires-priseurs.

Un jugement du tribunal de Lille du 11 décembre 1856, s'exprime ainsi à ce sujet : « Attendu que le matériel dont s'agit desservait précédemment une scierie mécanique, n'ayant jamais appartenu à la dame B..., propriétaire des locaux et bâtiments où elle fut établie... qu'il suit de là que le dit matériel n'a jamais pu constituer un immeuble par nature... que possédé par des tiers, non propriétaires de l'immeuble, il ne saurait y avoir été attaché à perpétuelle demeure, *condition absolue de l'immobilisation...*

« Attendu que lors même qu'un tiers pourrait par destination immobiliser un meuble en l'attachant pour un temps plus ou moins long à un immeuble qui n'est pas le sien, il est hors de doute que cette fiction d'immobilisation disparaîtrait du moment où, par la volonté de son auteur, la destination immobilisatrice viendrait à changer...

« Attendu dès lors que le matériel de scierie dont s'agit était un bien meuble au moment de la vente publique que le notaire Constenoble en a faite, il reste à voir si elle rentre dans le domaine exclusif des commissaires-priseurs.

« Attendu que de même qu'après avoir déclaré par l'article 535 que les expressions : *effets mobiliers* com-

prennent généralement les meubles de toute nature, le
code (article 536) édicte, d'une manière restrictive, que
la vente ou le don d'une maison ne comprend pas les
meubles incorporels... De même, à côté de la loi de
l'an IX qui attribue aux commissaires-priseurs la vente
des meubles de toute nature, se trouvent des restrictions
apportées par d'autres lois... Que ces restrictions ne
sont au surplus que des exceptions *au principe d'attribution générale* au profit des commissaires-priseurs, en
matière de vente d'effets mobiliers et servent à confir-
mer le dit principe au cas de la vente de tous les effets
mobiliers corporels ; qu'en tous cas, les notaires sont et
doivent demeurer étrangers à toutes ces choses compo-
sant le domaine exclusif des divers vendeurs publics de
biens meubles... que, si parfois on est allé jusqu'à leur
reconnaître le droit de vendre publiquement certains
meubles ce ne fût qu'à raison d'autres principes, ainsi
parce que les meubles vendus en bloc avec les bâtiments où ils étaient placés, dont ils n'étaient que l'accessoire, faisaient avec l'immeuble un bien mixte où la
nature immobilière dominait... »

Par ces motifs, le tribunal déclare que le notaire
Constenoble doit réparation aux commissaires-priseurs
de Lille pour le préjudice par eux subi.

La défense faite aux notaires d'attirer à eux les ventes
publiques de meubles, au moyen de stipulations extraor-
dinaires, a été énergiquement consacrée par un arrêt de
la cour de Paris du 5 juillet 1845, réformant un jugement du tribunal de Sainte-Menehould. La cour con-
sidère que « le droit exclusif des commissaires-priseurs
serait évidemment anéanti si les notaires étaient au-

torisés à procéder à la vente de meubles corporels au moyen de la *stipulation provisoire* de certaines conditions de cautionnement ou d'hypothèques apposées à la vente, dans le seul intérêt de justifier l'intervention du notaire. » La cour ajoute que l'intervention du notaire dans ladite vente ne pourrait non plus être justifiée par la nécessité d'accorder des délais de paiement, et que « si, aux termes des lois sur le notariat, il appartient aux seuls notaires de recevoir les conventions et de leur donner la forme authentique et le caractère exécutoire, aucune loi n'interdit aux commissaires-priseurs d'accorder, sous leur responsabilité personnelle, certains termes de paiement sans lesquels les enchères (comme dans les ventes de fruits et récoltes) ne pourraient atteindre leur juste valeur. »

Nous avons avancé que les commissaires-priseurs étaient compétents pour la vente de certains droits incorporels réunis à des meubles corporels, formant le principal de la vente. A l'appui de cette opinion, citons un jugement tout récent du tribunal civil de Châlons du 7 mai 1887 sanctionnant la jurisprudence que nous venons d'analyser et où nous remarquons les considérants suivants :

« Attendu qu'il est de *jurisprudence* constante que dans le cas d'une vente comprenant à la fois des meubles corporels et des meubles incorporels, *c'est l'accessoire qui doit suivre le principal ;*

« Attendu qu'il est constant que dans l'espèce les meubles dont la vente est demandée sont très considérables, tandis que le fonds de commerce comprenant l'achalandage et le droit au bail est pour ainsi dire insignifiant ;

« Qu'il suit de là que le commissaire-priseur *est seul compétent pour procéder à la vente des meubles corporels et incorporels*, énoncés en la requête ; dit que par le ministère de M⁰ Droult, commissaire-priseur, que le tribunal commet, à cet effet, il sera procédé à la vente du fonds de commerce de mercerie et bonneterie avec l'achalandage et le droit au bail, sur la mise à prix, de . . . »

Nous avons voulu démontrer, par l'exposé qui précède, autant qu'il est possible, la ligne de démarcation que la loi, complétée et expliquée par la jurisprudence, a entendu établir entre les attributions mobilières des notaires et des commissaires-priseurs ; nous avons vu que cette compétence pour les notaires est toute d'exception et qu'elle doit être rigoureusement limitée aux cas prévus par la loi.

On peut d'après ces principes établir le tableau suivant :

La compétence des notaires en matière de vente publique aux enchères d'objets mobiliers, existe :

1° Dans toutes les ventes de droits incorporels purs tels que baux, créances, actions, achalandages, clientèles, marques de fabrique, brevets d'invention, etc. ;

2° Dans toutes les ventes où les droits incorporels forment dans l'ensemble de l'opération *la chose principale* et dans lesquelles les objets mobiliers ne peuvent être considérés que comme *les accessoires* indispensables ;

3° Quand les meubles, attachés à un fond à perpétuelle demeure, par le propriétaire et sous les conditions établies par l'article 524 du code civil, sont vendus *en bloc* avec l'immeuble, *comme immeubles par destination.*

En dehors de ces cas, la compétence générale des commissaires-priseurs en matière de ventes mobilières recouvre toute sa force et ne saurait être méconnue, ni par la volonté des parties, ou des autres officiers vendeurs, alors même, comme il arrive souvent, que ces derniers agissent de bonne foi ; ni même par des ordonnances judiciaires, qui ne sauraient jamais changer l'ordre d'attribution établi par la loi.

JULES BOUÏS,

Commissaire-priseur à Marseille,
Président de la Conférence des commissaires-
priseurs des départements.

Beaugency. Imp. Laffray.